活絡左右腦的心靈曼陀羅

原 書 名／MANDALAS EN MUSIQUE: 100 MANDALAS CRÉATIFS À COLORIER
作　　者／吉爾‧迪德里希斯（Gilles Diederichs）
繪　　者／阿梅勒‧希瓦（Armelle Riva）
譯　　者／李毓真

總 編 輯／王秀婷
責任編輯／向艷宇
行銷業務／黃明雪、陳志峰
版　　權／向艷宇

發行人／涂玉雲
出　　版／積木文化
　　　　　104台北市民生東路二段141號5樓｜官網：www.cubepress.com.tw
　　　　　電話：(02) 2500-7696｜傳真：(02) 2500-1953
　　　　　讀者服務信箱：service_cube@hmg.com.tw
發　　行／英屬蓋曼群島商家庭傳媒股份有限公司城邦分公司
　　　　　台北市民生東路二段141號2樓｜讀者服務專線：(02)25007718~9
　　　　　24H傳真專線：(02)25001990~1 服務時間：週一至週五09:30-12:00、13:30-17:00
　　　　　郵撥：19863813｜戶名：書虫股份有限公司｜城邦讀書花園：www.cite.com.tw
香港發行所／城邦（香港）出版集團有限公司
　　　　　香港灣仔駱克道193號東超商業中心1樓｜電話：852-25086231｜傳真：852-25789337
馬新發行所／城邦（馬新）出版集團Cité (M) Sdn. Bhd.
　　　　　41, Jalan Radin Anum, Bandar Baru Sri Petaling, 57000 Kuala Lumpur, Malaysia.
　　　　　電話：603-90563833｜傳真：603-90566622

封面完稿／葉若蒂
製版印刷／中原造像股份有限公司
2016年（民105）6月初版1刷｜ISBN：978-986-459-046-9｜定價：399元

Direction éditoriale : Guillaume Pô｜Édition : Agnès Busière, assistée de Juliette Magro
Direction de création : Laurent Quellet｜Direction artistique et de création graphique : Isabelle
Mayer｜Mise en pages : Catherine Enault｜Fabrication : Florence Bellot et Thierry Dubus

ⓒ Fleurus Editions, Paris, 2013
Complex Chinese translation rights arranged through Dakai Agency Limited.

活絡左右腦的
心靈曼陀羅

隨書附
100個曼陀羅圖案
著色練習別冊

提升放鬆、專注、舒壓及創意的精神力

吉爾·迪德里希斯 Gilles Diederichs　著

阿梅勒·希瓦 Armelle Riva　繪

李毓真　譯

目錄

著色圖案請見別冊第45頁。

前言

曼陀羅的圖案構成及著色實作能撫慰心靈，並激發創造力，即便繪製手法必須循規蹈矩，但仍能給予我們正向的能量與滿足。事實上，實作時的用色選擇、運筆態勢與決定色調明暗的過程，是一段滋養心靈的愜意時光。除去兒童著色畫的概念，曼陀羅也代表了一種深層的個人實踐。

繪製曼陀羅需要持續的專注，因此只要少許的實作，就能達到令人舒服的集中境界。這種因「注意」而達到「集中」進而得到「愉悅」的過程，能調解原本神經元因完成某項任務所形成的神經衝動。漸漸地，無關緊要的思緒都將離你遠去，且內啡肽的分泌及阿爾法（alpha）波的釋放，能讓你的肌肉和情緒達到放鬆，有助進入冥想的境界。你的左、右腦將一起活動，運轉和諧，體內就此滿溢更多正面的能量。

曼陀羅也有助於記憶，因為其複雜且相關的圖案構成，讓人著色時必須一步接著一步，按照進展的程序。

無論是何種類型的曼陀羅，為了概括整體圖案的構成，都應先從中間的部分開始著色。**一切從中間開始，也與中間保持和諧的關係**。這樣的進行不僅帶來完整且連續的作品，也在繪製結束後迎來滿足的喜悅。

事實上，透過著色實作能喚醒完全消失的童年記憶……而每一個已經上色的區塊，其實就是滿足和自我的肯定。是的，你充滿創造力。繪製曼陀羅能讓你的心更加沉靜，讓你的靈更加寬廣且具方向。它與思緒的廣度密不可分，因此，繪製曼陀羅就是一種冥思的過程。

曼陀羅不只帶來娛樂，同時也幫助我們：

* 放鬆
* 訓練集中力
* 減壓
* 展現創造力

書中將針對上述四種類型，提供簡單、基本的指示，幫助你熟記步驟，完成繪製。當然，還是得由你挑選最合乎當時心情的顏色。最重要的是，你應將曼陀羅視為自己和心靈和諧間的媒介，而非一種教學工具。

這也是為什麼我們隨書準備著色練習本。你可以轉印每一張曼陀羅，甚至在著色前將其掃描存檔，這樣一來，圖樣就可以重複使用！

繪製曼陀羅時，需要大腦左、右半球以及連結它們的胼胝體發生以下作用：

* 左半球傾向理性思考、邏輯分析（從中間開始或傾向中間的著色步驟即為如此）
* 右半球傾向直覺判斷和創造力，結合各種資訊，即便沒有直接的必要性（如用色的選擇）
* 靠著神經纖維連結大腦左、右半球的胼胝體，會確保左、右半球間消息的傳遞。

每張曼陀羅上會有一段簡單的指示說明，幫助發揮上述的協同作用。舉例來說，當你繪製減壓曼陀羅時，所有強烈的情緒或壓抑都能藉由循序漸進的繪製步驟釋放開來，當然還有與中間部分有關的特殊筆勢。這些都有助於疏通壓力，藉著繪製曼陀羅達到放鬆，而不是一昧囤積在心。

不同時期與文化下的曼陀羅

在開始介紹繪製曼陀羅的方法前，最好先介紹曼陀羅象徵的文化和歷史意義。這樣的圖案構成出現在不同的文明裡。以下就讓我們舉例說明，幫助你了解曼陀羅在不同時空背景和個人及宗教色彩下，所呈現的重要性。

西方

在這裡，曼陀羅強調中心設計。可以遵循規定，也可以自由發揮。在與自然和天文密不可分的賽爾特文明中，作為薩滿文化的產物，曼陀羅清楚地闡述對於四季、動物圖騰、自然神靈等象徵意義；大教堂裡的玫瑰窗則詳盡描繪宗教場景，或更單純地敘述著人類的日常生活與大自然；對熙篤會修士而言，曼陀羅代表光明，幫助他們冥思。

法國下諾曼地區塞鎮聖母院的玫瑰花窗。

亞洲

　　曼陀羅在梵語中意指「輪圓」，象徵群體，也象徵內在的小宇宙。它是心靈上的產物，每個細節背後都蘊含了需要試煉的體悟。

　　曼陀羅因此成為一種重要的冥思工具，其絕對的複雜性迫使冥想者需要花上幾天的時間才能完成繪製。透過它，這種自主性的行動、特定時間內的精神狀態、宗教象徵和靈性上的追求，都能具體呈現。

　　此外，即便繪製耗時，用色砂畫出的西藏曼陀羅終究逃不過被摧毀的命運，藉以象徵一切有為法，只不過如夢幻泡影，因此在亞洲，曼陀羅教會人們生與滅的道理。

西藏彩色砂畫曼陀羅。

美洲

在美洲文化中，曼陀羅是通往神靈世界的大門。薩滿們藉著曼陀羅，有意識地造訪上面的世界，同時也藉「心靈上的地圖」找到起乩退駕後，返回世間的道路。

有時只是一個簡單的石圈（如那瓦霍人的文化），但絕大多數的情況則像秘魯文化那樣色彩繽紛，簡述著參與儀式的人所看到的視象。通常，曼陀羅體現幫助薩滿們完成旅程的神靈所傳遞的訊息，也顯示了人類薩滿的強大神力。

由此可見，在象徵意義和心靈體悟上，西藏和美洲印第安人文化是很相似的。

瑪雅曆。

澳洲

　　原住民將繪製曼陀羅的行為，視為體現自然萬物和歷代祖先。在他們的文化裡，你我並不存在，我們只是祖先們的夢境，因此他們也和亞洲文化一樣，有著一切皆空的觀念。

　　值得一提的是，澳洲原住民從很早以前便開始運用「點陣」的技法，而這剛好和藝術治療中的減壓作法不謀而合。傳統樂器迪吉里杜管（didgeridoo）的特殊音色，也有助於專注力的提升。

正在繪製曼陀羅的原住民畫師。

非洲

　　曼陀羅在此象徵圍繞生者的神靈。在某些非洲人如多貢人（Dogons）或喀麥隆人（Cameroun）的觀念中，曼陀羅揭示了人類與外星「實體」的直接關聯，他們認為後者是前者的祖先。這樣的想法也表現在墨西哥的阿茲提克文明中。

　　因此，曼陀羅和自然神靈、靈魂出竅與創造人類的神祇有關，常與食物和布料一起，扮演酬謝神祇或用來請託諸神的供品一角。

非洲編籃底部的同心圓花紋。

色彩明亮的曼陀羅壁畫。

筆勢

　　有時你在會議或電話等待中隨手畫的幾筆，反而更能彰顯你的性情。若稍加留意，你會發現在塗鴉中有某些圖案經常出現，代表你現下的心情。當你覺得時間過長，你會畫出圓形的圖樣；當你來回由上往下重覆加重相同的筆畫時，就表示你需要冷靜；螺旋線條表示你需要釋放；密集的小點是壓力的呈現……

　　頭腦和肌肉的相互作用，促使我們適應外在的環境因素，而**這種自發性的筆勢，能為我們的情緒帶來具體的解決**。因此繪製曼陀羅時，需要這種自發性的筆勢，另外，著色練習別冊的每個曼陀羅圖案上方，都會有一小段解釋文字，提示你繪製的步驟。

音樂

你可以在繪製曼陀羅時，聆聽法國作曲家吉爾・迪德里希斯（Gilles Diederichs）* 創作的音樂，裡頭的樂器音色和整體曲風將有助你達到精神上的釋放。其中的抒情樂章以十分柔和的步調幫助放鬆，並時而穿插節奏稍快的曲目，而切分節奏除了能讓人放鬆外，還可以提高聽者的專注力。這便是弛放音樂（chill music）和沙發音樂（lounge music）受歡迎的理由。這些節奏能為繪製過程增添愉悅的氛圍，且不干擾作畫者的思緒。音樂的作用就如一條銜接兩種不同活動的通道，或是面對不同風景的窗。

使用耳機時，請注意音量和聆聽的時間。若音量太強或聽的時間太長，聽力會受到影響，甚至出現耳鳴的現象。再者，從耳機傳到頭骨的振動可能會干擾大腦的電波（這正是出神音樂〔musique de transe〕的目的），引起頭痛，因此，請養成每二十分鐘就休息一下的習慣。

最理想的音樂曲目是以一種「中立」的方式「現聲」——不影響作畫者繪製曼陀羅時的專注，卻又達到輔助的效果，為整體的繪製過程加分。

＊你可以在YouTube上找到吉爾・迪德里希斯的音樂。

材料

　　蠟性或油性的彩色鉛筆有助於表達，是必備的。若你想讓線條表現更加優美，請先測試自己的畫筆。你可以詢問認識的插畫家，或在網路上尋找適合自己的畫筆。這點非常重要。畫筆的選擇相當廣泛，有乾硬式的筆芯，也有比較油性的筆芯。油性的筆芯上色飽滿，尖細的筆芯最適合勾勒輪廓；鉛筆的顏色可由柔和至鮮明。**剛開始你可以隨性且簡單的上色**，但之後就能在這些表達的工具上花更多心思。

　　不過請注意，繪畫專用的畫筆含有高品質的色素，能在燈光下保存得更佳，因此若打算保存或裱褙你的曼陀羅作品，請特別選用這類的畫筆。另一方面，品質好的筆芯與小學生用的畫筆相比之下，比較不乾硬，且更容易用來混調顏色，強調作品的立體感與深度。某些品牌甚至還提供單支色筆的販賣，如此便能避免只因為缺一種顏色就要購買整盒的情況。

　　你也得在橡皮擦上做些投資，找到符合筆芯特性的商品，因為若是選用不當的橡皮擦，便會造成橡皮擦沾上顏色或擦了半天還擦不乾淨的問題。

另外，請準備手動式削鉛筆器，因為電動削鉛筆機會在很短的時間內「吞噬」掉你的色筆！

水性的色鉛筆可加水稀釋，作出水彩畫的效果，用它畫出的成果非常漂亮，但是需要熟練的技巧！

或許，曼陀羅也是一個讓你開始繪製水彩畫的契機。若想畫出非常滿意的成果，你可以利用描圖用的透明紙，在有適當厚度的畫紙上先行描繪圖形輪廓，這樣一來，塗料會被吸收得更好且分布均勻。

關於彩色筆的使用，請務必考慮到「不能重新來過」這件事！然而若你只想大膽明快地填滿圖案，這類的畫筆是絕對可以被接受的。

你不需要準備圍裙，但還是穿上無須擔心沾上髒污的衣物比較安心！

香枝、蠟燭和精油是營造禪意氣氛的最佳物品。

理想的體驗

理想的體驗得由自己創造！某些時候你只是單純地需要做些別的事情來放空自己，而另一些時候則需要藉由曼陀羅來幫助放鬆。請記住，無論你選擇的方式為何，放鬆自己的那一刻是專屬於自己的，因此無須感到罪惡，要只想到自己！因為**這是私人的時間**。

當然，請避免在親人看電視或孩子在身邊玩耍或大聲唱歌時繪製曼陀羅！如果你想在睡前放鬆自己，或在開會前集中注意力，可以在早晨或晚上預留一些作畫的時間。

以下提供一套「創造理想作畫環境」完整的方法，讓你得以於最佳的情況下進行繪製，也有助日後從事其他活動時的自我放鬆。

寧靜的空間

若條件許可，請選擇通風且有自然照明的地方。若你有鹽燈，也請點上，即便是在大白天。被燈源加熱的鹽體會在四周散發具有安撫作用的負離子，而柔和的燈光也會帶來安撫的作用，加深繪圖過程中那種如蠶繭包覆般地舒適效果。

準備飲品

　　集中注意力時需要定時地補充水分。請沖泡具有放鬆效果的檸檬香脂草（蜜蜂花）、洋柑橘和橙樹果茶，或是有加強注意力效果的草本茶，如銀杏、綠茶和薄荷等。草本茶能使身體更加輕盈，促進心緒的鎮定。

補充能量

　　可以將椰棗膏和無花果、葡萄乾，以及壓碎的榛果和杏仁果，混合揉成一粒粒的穀粒球，如此一來便有高能量（請適量食用！）且富含鎂離子（對集中精神有益）的小點心。若你喜吃甜食，還可以加些巧克力碎片和橘子皮一起，畢竟撇開效用不談，繪製曼陀羅的主要目的正是消遣娛樂！

善用精油

　　可以在開始繪圖前點燃精油五到十分鐘（切記別超過時間）。請記得遵照說明書上的使用方式！不要猶豫，到專門販賣精油的店舖裡挑選適合自己的精油——能帶去旅行或是讓你備感呵護的精油。

　　◊ 樟樹精油能加強免疫力，且具有安撫的功效。
　　◊ 百里香芳樟醇精油令人精神振奮，有助於智力、思考。
　　◊ 小苦橙籽精油撫慰心靈，並具有減壓的效果。
　　◊ 紅柑橘精油有助於放鬆。

疲倦時可以將自己交給黑雲杉精油：混合三十滴黑雲杉精油與三十滴歐洲赤松精油，並用榛果油補足所需的分量。請於食指和中指指尖上抹上調製好的精油，然後微傾身體，用手指輕輕拍按腎上腺（位於腎臟正上方）。如此便能重新啟動腎臟活性，感到通體舒暢。

放鬆並端正姿勢

首先必須有正確的姿勢。若習慣將重心放在臀部單側，藉由挺直頸部以削減身體的疲勞，你可能已經讓自己的身體緊繃不下。在此提供「撫平」身體的方法，以及說明端正姿勢的方式。

撫平身體

這個階段請將專注力放在吐氣上——吐氣的時間要比吸氣的時間長。此外，坐下繪製前，必須先鬆開你的腳踝和腳掌。

* 站立時將雙手叉腰。跕起一隻腳跟，踩壓在腳尖上，接著抬起腳，慢慢以順時針和逆時針的方向來回轉動。請感受腳踝的舒展，然後換另一隻腳練習。
* 抬起腿，以順時針及逆時針的方向多次轉動小腿（膝蓋保持不動）。請感受一下膝蓋的放鬆，然後換另一隻腳練習。你可以輕扶物品，幫助自己保持平衡。

* 雙手叉腰，前後左右擺動骨盆，並以順時針及逆時針的方向扭動數次。接著準備從手腕開始「照顧」上半身，因為你將利用它們繪畫或是支撐，所以請好好呵護手腕（尤其是常常使用電腦！）
* 請先彎曲右手肘，用左手握住右手腕，接著慢慢轉動右手，像在寫一個橫躺的數字8。然後改變書寫的方向，繼續動作。請感受手腕關節的放鬆，並換另一隻手肘練習。
* 將彎曲的右手肘（手朝上方）放在左手掌上，讓前臂以順時針和逆時針方向慢慢地來回轉動。請感受手肘的運作。
* 維持相同的姿勢，握拳輕拍自己的肩膀和脖子下方。跟著換邊繼續相同的練習。為了放鬆頭部和頸部，請依自身的能力調整動作，切勿勉強。放鬆肩膀時，請一邊吸氣一邊將頭轉向右邊，然後吐氣，轉回正前方，跟著左轉、低頭和後仰也分別進行一樣的吸吐練習，而且每次結束都要轉回前方。

重覆此循環步驟至少三次。

結束時輕輕彎下腿，雙臂向前伸出，兩手相交。接著將手舉至頭頂，然後維持伸展的模樣，一邊把手掌反轉面向天花板，一邊把腿伸直並微微地踮起腳尖。你可以將自己想成一條慢慢被拉緊的橡皮筋。請感受你的背部正平緩地放鬆著。

端正身體

- 請坐在椅子上，將右腿翹在左腿上，雙手搭在右膝蓋，然後將上半身轉向右方，同時按壓雙手，將肢體全部展開。重覆這個練習三次，然後換另一隻腳。
- 接著將腳掌平放在地，慢慢地踩壓，然後換另一隻腳，把雙腳想像作吸盤。慢慢將相交的雙臂伸至頭部後方（切勿勉強），伸展自己的脊椎。

結束時請將雙手平放在桌上，閉上雙眼慢慢地呼吸，讓思緒自由地來去，像天上飄過的白雲。若某個念頭一再出現，請將注意力放在呼吸上，如此便能屏除雜念繼續冥思。至少維持這樣的狀態三到五分鐘。隨著時間的累積，這個練習也能有較長的持久性，可以幫助你放空並轉換到另一種精神狀態。

體驗曼陀羅後

你可以寫下一個句子——有點像是這一刻生命的精華總結，說明繪圖過程中情感和心靈的投入。下筆前可以先作幾次深呼吸，讓體內充滿活氧，然後閉上眼，持續專注在吸進吐出的空氣上，藉以加深內心的平靜。過一會兒後張開雙眼，看看自己的作品，嘗試用一個熟思過後的句子（或自發性的字句）來表達自己的感受。這將是你個人的「署名」。

技巧

放鬆曼陀羅

　　這個類型的曼陀羅原則上要由中心向外繪製。中心象徵著有意識或無意識的壓力（通常是無意識的，因為我們已學會控制壓力，與壓力共存，甚至對其視而不見）。

　　中心點幫助你意識到來自日常生活中困擾已久的壓力，因此藉由從中心點開始繪製，進而達到放鬆。若你知道壓力的來源（如衝突、積勞等），請將壓力的成因寫在曼陀羅旁，使它具體呈現。中間的圖樣象徵你必須就這個壓力點來放鬆，當你意識到壓力的存在，就是放鬆的第一步。

　　接著慢慢朝外擴散，填滿外圍的圖樣。這個過程代表你告知大腦，想為自己補給氧氣和空間，就像你為自己漸漸打開了一扇窗。藉著選擇柔和且溫暖的顏色，你創造出正面的感覺和溫和舒適的保護層。顏色的選用體現了我們的心情，這和音樂影響我們肌肉的放鬆是一樣的。

　　你可以多加使用書中建議的筆勢，以便加強放鬆的效果。最重要的，是要享受其中，而非將繪製曼陀羅視為交辦待興的工作！

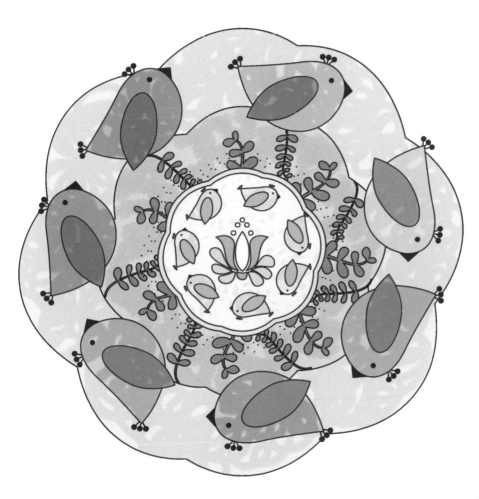

著色圖案請見別冊第17頁。

專注曼陀羅

　　繪製這種類型的曼陀羅，需要從外圍的圖樣循序漸進地畫到中間的圖樣。後者象徵作畫者需要達到的專心，而漸進式的繪圖過程作用在引起作畫者的注意，讓你在全神專注前先集中思緒。

　　有無法揮掃的紛亂心緒，或是因同時想做許多事而感到疲憊，抑或分神或太過勞累時，這種類型的曼陀羅正是你的最佳選擇。那種感覺就好像是走下樓梯，一步步地往你努力建構出來的安心空間前進，幫助你在當下專注、集中，心無旁騖。另外，顏色的組合（如黃色和綠色）以及建議的繪圖筆勢，都能幫助你更加專心。

　　記得一定要在繪製這類專心曼陀羅時，定時補充水分。你必須調整呼吸，以放鬆身體肌肉。要知道，對某些人而言，花時間慢慢畫一張曼陀羅是很不容易的！所以請記得定時休息（每五分鐘），還要藉著伸展雙臂深呼吸，同時吸氣來敞開胸廓。請依照之前建議的姿勢動作起身及坐下。

著色圖案請見別冊第36頁。

舒壓曼陀羅

壓力的產生是自然的現象，是身體面對日常生活中的刺激時所產生的反應。問題是，在我們的時代裡，刺激過多，休息過少，因而導致經常性的壓力。具破壞性的壓力會「氧化」你的身體，使免疫力降低，而嚴重的精神疲勞往往很難紓解。不過，舒壓曼陀羅的目的就是要讓你藉著建議的筆勢和顏色，釋放這些過度的緊張情緒。

繪製舒壓曼陀羅的方法有三個階段：第一階段是隨手塗鴉（比方說畫虛線可以放鬆神經）。在這個階段，你還需要在某些圖樣上塗畫鮮明甚至是強烈的顏色，藉以具體識別壓力的存在。第二階段是藉由塗上愉悅的色彩來排解壓力，進而達到安撫的效果。在第三階段裡，我們加上明亮且帶來正向能量的顏色。因此，舒壓路徑三步驟也就是：意識壓力、排解安撫與正向導入。

繪製的方式也能分成兩種：由中心（象徵壓力來源）往外圍（代表安撫和最後的正向能量）繪製，或是相反地從外圍一直繪製到中心，這個情況下，中間的圖案代表最終的正面態度。兩種不同的繪製方式都會標註在著色練習別冊的圖案上方。

也因此，繪製這類曼陀羅時請不要猶豫，大膽按照圖上的說明，在塗滿顏色前，先畫出可以幫助你釋放壓力的線條（如虛線、閃電狀的線條等等）。

著色圖案請見別冊第60頁。

創意曼陀羅

　　創意曼陀羅讓你充分表現自我，而且趣味十足。你必須遵照提示說明來開始繪畫的習作，但隨即就能依自己的想法繼續繪製，不管是在顏色的選擇上，或是繪圖的漸進方向上。

　　建議你在繪製創意曼陀羅前，先練習其他種類的曼陀羅，以便熟悉中心圖案的重要以及顏色的協調。

　　圖案裡會有一些要讓你描繪的虛線花樣，藉以彰顯曼陀羅的細節、蔓藤花紋和圖貌等等，這種慢慢發覺創造力和舒壓的過程，能加強你的專注力。

著色圖案請見別冊第86頁。

運用範本創作自己的曼陀羅

在充分練習後，你很容易就能創造自己的曼陀羅。你可以影印或是掃瞄書中的範本，依照自己想要獲得的功效——放鬆、專注、舒壓或創造力，調整漸進式的繪圖方向。你也可以使用描圖紙複製圓圈內的圖案。不管用什麼方式，最重要的是，不要忘記達到視覺上的和諧，所有的圖面都必須按比例分配。

若你想安插幾何圖形，請明智地將曼陀羅分成四等分，藉以保持視覺上的平衡。的確，在相對的兩等分中，設計相同數量的圖案可避免部分區域中有過多或過少的圖案。

若你有五至十歲的小孩，便可以依照想獲得的效果，和孩子們一起設計簡單的圖案。這會很有趣，但和三至五歲幼童一起創作時，你可以開心地從雜誌上剪下圖樣，然後貼在曼陀羅上。一個小訣竅是，在決定漸進的繪圖方向前，全部先從中央的圖樣開始畫起。

隨手塗鴉

這些小筆勢能影響你的情緒。重點不是要用這些筆勢填滿圖樣，而是下筆時能夠將這些筆勢加進繪畫裡。

塗鴉線條的種類和其功能：

* 由外而內的螺旋線：幫助集中、回到自我。

- 由內而外的螺旋線：敞開心胸，放鬆心情。
- 順時針方向的大螺旋：敞開心胸，帶來活氧，消除煩惱。
- 向上緊密旋轉的小螺旋紋：賦予呼吸的感覺，排除焦慮。
- 向下緊密旋轉的小螺旋紋：幫助回到自我，體認中心。
- 平躺的數字8：藉著大腦兩半球間的互動，找到平衡。
- 金字塔狀的三角形：安全感與活力。
- 正方形：創造如定錨般的穩定感。
- 圓圈：帶來安心。
- 朝上的半圓形：放鬆心情。
- 朝下的半圓形：穩定和強化。
- 一個個漸短、漸小的線條：旨在降低壓力。
- 不完整的字母S：能表達暴力。
- 點點：利用輕點筆芯達到減壓效果。
- 由右上到左下的斜線：引導你向前看。
- 由左上到右下的斜線：突顯回到過去的需要。
- 由上往下排列的斜線：回到「地面」、下錨。
- 由下往上排列的斜線：跳脫情緒。

　　漸漸地，這些動作可能激發出其他的塗鴉筆勢。這有點像邏輯的連續。請任由自己表達一連串的塗鴉，這可能源自肌肉和大腦間訊息的傳遞，和自我調節的神經衝動。

用於西藏曼陀羅的色砂。

顏色

　　在每種文化裡，顏色都有自己的語彙。最先開始使用這些語彙的，分別是中國人、埃及人、印度人和希臘人，有些甚至運用顏色的語彙來進行藝術治療。音樂治療師將圖畫視作一首自然產生的旋律，因為顏色就像那些引人注意的音符一樣，**如同聲音般地影響我們的行為**。想表達樂觀時，我們會選用鮮明的顏色（如橘色和紅色），而黑色則給人正式且嚴肅的感覺……

　　家中的裝飾也是同樣的道理。房間牆面用色的選擇與其功能性相關，因此，綠松色的浴室令人聯想到加勒比海的海水，綠色的房間則著重放鬆和大自然的意象。治療者越來越常使用這樣的方式，來幫助他們明白患者的心靈活動。

　　以下的說明將有助你對顏色的認知。若第一次繪製時沒有全部的顏色也不要緊，可以慢慢靠經驗和時間來豐富你的調色盤。第一次繪製時，只要有最常見的幾種顏色就可。

顏色及其功效

－紅色：激勵人心。

－橙色：增加樂觀的態度、活力和衝勁。

－黃色：刺激智力，防止精神疲勞和憂鬱。

－萊姆黃：提升專注力。

－綠色：緩和失眠症狀，解除焦慮和憤怒，改變想法。

－綠松色：用腦過度後，幫助獲得平靜和休息。

－藍色：達到平和寧靜的效果。藍色能夠「打開」你的精神
　　狀態。

－靛色：激發潛能，深入更深層的意識。

－紫羅蘭色：撫平焦慮、習癮和害怕的情緒，消弭仇恨與暴
　　力。

－粉紅色：帶來活力及溫柔。

－洋紅色：調和情緒。

－紫色：吸引目光和注意力。

－猩紅色：舒緩悲傷的情緒。

－褐色：幫助放鬆，帶有母愛、大地色。

－金色：喚醒能量和實作力，渴望展開行動。

－銀色：有助深層的傾聽和內心的感受。

－黑色：歸位置中（視覺上黑色吸收所有的光），彰顯優
　　雅。

－白色：心靈一致（視覺上白色反射所有的光）。

－象牙白：象徵靈魂的高尚和正面思考。

其他相關知識

冷色系包括綠色、紫紅色、藍色和靛色。帶給人「蜻蜓點水」的距離感，和觀者並不貼近。它象徵夢想和寧靜。最冷的顏色為出現在天空、大海和積雪中的藍。當黑色和白色在一塊兒時，也會製造出冷色調。

暖色系有著較多比例的紅色和黃色。最暖的顏色為橙色。黃色、橙色、胭脂紅、紫色和紫羅蘭色，帶給人熱情和繁重的感覺，令人聯想到火焰、太陽、活力和愉悅。
花點時間細細研究色環，你的創造力將會加乘多倍，也會更了解顏色對著色及繪畫的影響，甚至在廣告、衣著和居家空間裡所扮演的角色。

原色——紅、黃和藍色，就是顏色的基本，用來混合調出其他的顏色。

二次色，就是原色混合而成的顏色：
 －藍色+黃色=**綠色**
 －紅色+藍色=**紫羅蘭色**
 －紅色+黃色=**橙色**

三次色是二次色混合原色而成的：

　　－紅色+紫羅蘭色=**紫色**

　　－藍色+紫羅蘭色=**靛色**

　　－藍色+綠色=**綠松色**

　　－黃色+綠色=**黃綠色**

　　－黃色+橙色=**金色**

　　－紅色+橙色=**猩紅色**

互補色就是色環上相對的顏色：

　　－**綠色**的互補 色是**紅色**

　　－**橙色**的互補色是**藍色**

　　－**紫羅蘭色**的互補色是**黃色**

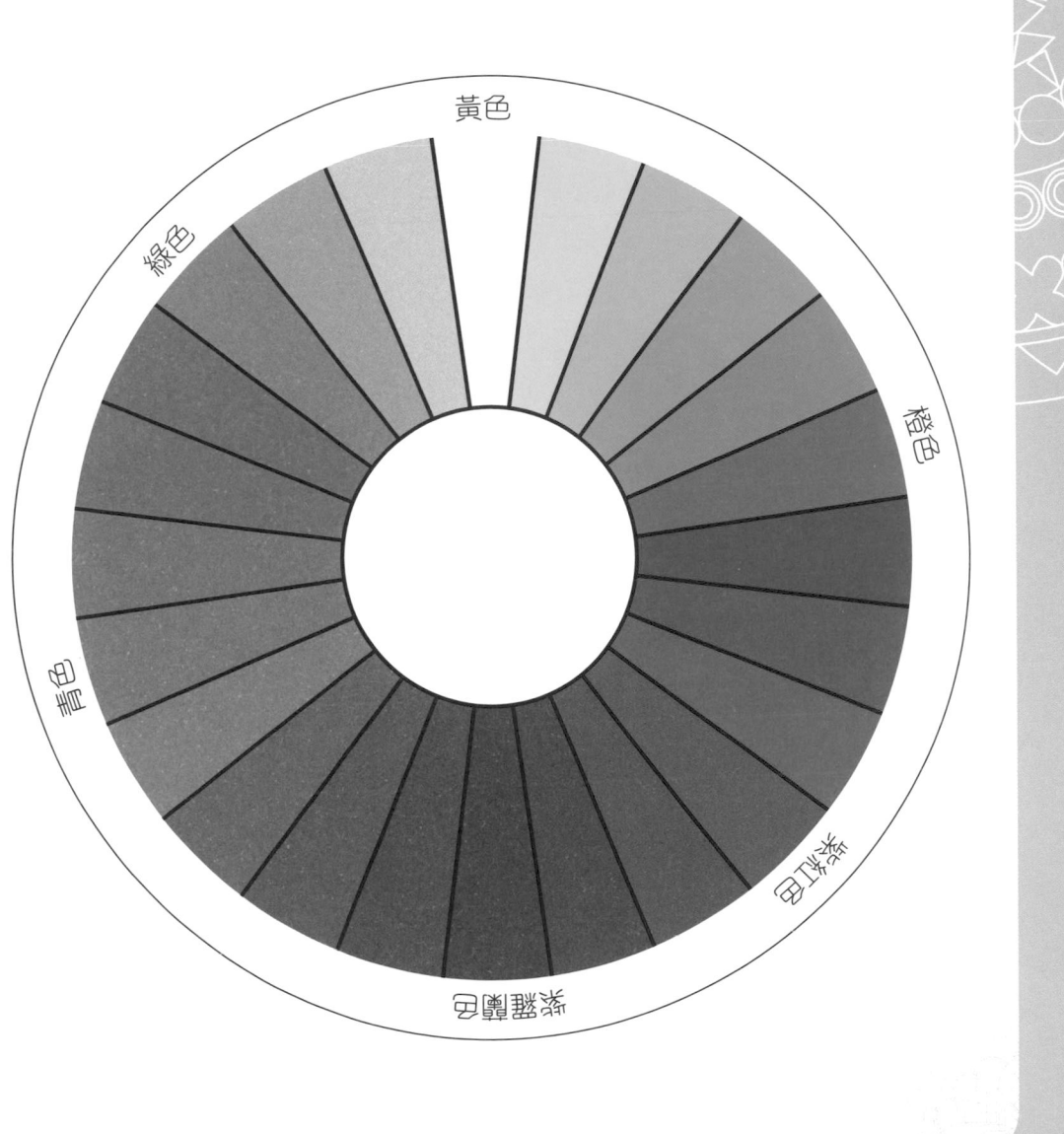